AZÉMIRE,

TRAGÉDIE.

Par M. DE CHENIER.

Représentée à Fontainebleau le 4 Novembre 1786, & sur le théâtre de la Comédie Française, le 6 du même mois.

A PARIS,

Chez MOUTARD, Imprimeur-Libraire de la REINE, rue des Mathurins, Hôtel de Cluni.

M. DCC. LXXXVII.

PERSONNAGES.

AZÉMIRE,   Mlle Saint-Val.
SOLIMAN,   M. Saint-Prix.
TURENNE,   M. Saint-Fal.
D'AMBOISE,   M. de Larive.
NARSÈS,   M. Naudet.
ISMÈNE,   Mme Suin.
Gardes de la Reine.
Soldats de Soliman.

La Scène est dans Héraclée, ville de Cilicie, au temps de la première Croisade.

AZÉMIRE,
TRAGÉDIE.

ACTE PREMIER.

SCÉNE PREMIÉRE.
SOLIMAN, NARSÈS.

NARSÈS.

JE ne me trompe point ; quoi ! Seigneur, c'est vous même ?
Ah! daignez pardonner à ma surprise extrême.
Quel destin vous conduit ? Parlez ; comment ce jour
M'offre-t-il, en nos murs, Soliman de retour ?
Le glaive des Chrétiens est levé sur nos têtes ;
Dans ce trouble effrayant des sanglantes tempêtes.
Quoi! Pour nous secourir, vous les avez forcés
Ces remparts, ces chemins d'armes tout hérissés ?
Notre attente est comblée ; & sur votre vaillance
Ces murs peuvent encor fonder quelque assurance.

SOLIMAN.

Dès ce moment, Narsès, vos dangers sont les miens.
Cette nuit dans leur camp j'ai surpris les Chrétiens ;
Et de mes Syriens l'impétueux courage

A

M'a livré jusqu'à vous un facile passage.
Vain & frivole éclat qui vient de me couvrir !
Mes États sont perdus, & j'y devais courir ;
Et là, de soins plus grands ma valeur occupée
Détruisait de Bouillon la puissance usurpée.
Mais j'aime, tu le sais. Trop indigne Guerrier,
De mon funeste amour je dépends tout entier ;
Et chaque jour me voit, d'une main impuissante,
Cherchant à secouer ma chaîne avilissante,
La retenir sans cesse, & sans cesse en rougir,
Et toujours soupirer quand il faudrait agir.
Enfin j'ai succombé. Le péril de ta Reine
Dans les murs d'Héraclée aujourd'hui me ramène.
Je l'adorai long-temps sans espoir de retour,
Long-temps son jeune cœur, insensible à l'amour,
N'offrit à mes soupirs qu'une pitié cruelle ;
Mais j'ai vaincu Bouillon, je l'ai vaincu pour elle :
Je viens de mes exploits lui demander le prix.

NARSÈS.

Ah ! plutôt armez-vous d'un généreux mépris ;
La gloire doit payer cette haute vaillance,
Dont l'amour ne saurait être la récompense.

SOLIMAN.

Comment ?

NARSÈS.

N'écoutez pas, Seigneur, un vain espoir,
Et de ses yeux ingrats dédaignez le pouvoir.
La Reine à vos destins ne sera point liée ;
A d'indignes amours la Reine humiliée....

SOLIMAN.

Ciel ! achève.... Azémire.... Elle a donné son cœur !

NARSÈS.

De cette ame si fière un Chrétien est vainqueur.

SOLIMAN.

Un de ses oppresseurs ! un Chrétien ! Azémire !
Et peut-on concevoir ce coupable délire ?
Azémire, dis-tu ;... non, je ne le crois pas :
Azémire n'a point des sentimens si bas.

NARSÈS.

En vain vous vous flattez ; ce n'est plus un mystère.
La Reine, de sa honte esclave volontaire,
Semble vouloir, Seigneur, étaler à nos yeux
D'un sacrilège amour les tranports odieux.

TRAGÉDIE.

Turenne, c'est le nom de ce Français qu'elle aime,
Turenne en ce palais semble régner lui-même,
Seigneur ; & ses discours, tout en elle aujourd'hui,
Ses regards, ses soupirs ne parlent que de lui.
A peine en son printemps, des rives de la Seine
Il suivit des Croisés la fortune incertaine.
Quelque gloire peut-être a signalé son bras :
Ardent, impétueux, dans l'un de ces combats,
Quand de nos murs oisifs dédaignant les barrières,
Sous mes ordres marchaient nos légions guerrieres,
Le jour baissait ; les miens s'éloignaient à grands cris :
Seul & le fer en main poursuivant nos débris,
Au milieu d'une troupe à sa rage immolée,
Turenne sur mes pas entra dans Héraclée.
Mais entouré bientôt par ce peuple indigné,
Percé de coups lui-même & dans son sang baigné,
Il se rend. Ses périls, ses exploits & son âge,
Et, le dirai-je encor, nos destins en courroux,
Pour lui dans ce moment s'unissaient contre vous :
Azémire le vit. Vous savez tout le reste.

SOLIMAN.
Un Chrétien ! se peut-il ? Ô récit trop funeste !
Eh quoi ! de mes Sujets deux fois vaincus par eux,
J'assemble en frémissant les débris généreux,
Ses jours sont menacés ; je cours à sa défense,
Je cours ; & de mes pas telle est la récompense !
Et toi de ses mépris spectateur assidu....

NARSÈS.
Pour vous servir, Seigneur, j'ai fait ce que j'ai dû.
Mon crédit, je le sais, mon rang est votre ouvrage ;
Et si dans cette Cour je pouvais davantage,
Votre amour accueilli d'un plus heureux succès,
N'aurait point à former de stériles regrets.
Mais d'un penchant coupable accusateur sévère,
Après de vains discours il a fallu me taire ;
Et l'oreille des Rois ne saurait écouter,
Seigneur, que les conseils qui les veulent flatter.

SOLIMAN.
Pardonnons-lui, Narsès, un moment de faiblesse ;
Elle peut à mes yeux rougir de sa tendresse ;
Oui, je l'espère encor, ce jour va l'éclairer.

NARSÈS.
Ainsi que vous, Seigneur, je voudrais l'espérer.
Mais songez-vous qu'elle aime ?

AZÉMIRE,

SOLIMAN.
Et je brûle pour elle.

NARSÈS.
Vous l'entendrez.

SOLIMAN.
Ami, je compte sur ton zéle.
Vas la trouver; dis-lui que Soliman vainqueur
Apporte à ses genoux tous les vœux de son cœur,
Qu'il vient de la sauver, que c'est lui qui t'envoie,
Et qu'au plutôt, Narsés, il faut que je la voie.

SCÈNE II.

SOLIMAN.

JE vais flatter encor ses orgueilleux attraits.
Sans doute il valait mieux ne la revoir jamais.
Vaincu par ces Chrétiens, mais vainqueur de moi-même,
Il valait mieux cacher un front sans diadême.
Quels sont donc ces mortels qu'a vomis l'Occident ?
Jusqu'où va de leur Dieu l'effroyable ascendant ?
Tout frémit devant eux, & sa main triomphante
A nos drapeaux sanglans enchaîne l'épouvante;
C'est peu; de la Beauté, Reine de nos destins,
Le cœur vain & fragile est encor en ses mains.
Mes feux n'ont point touché cette fière Azémire!
Un Français, un Chrétien a donc pu la séduire !
Ah! cette indignité doit ternir à mes yeux
De ses plus doux regards l'éclat pernicieux.
Devant l'Asie entière elle est trop avilie,
Il est temps que mon cœur la dédaigne & l'oublie.
Mais je la vois, c'est elle; & comment l'oublier ?

SCÈNE III.

SOLIMAN, AZÉMIRE, ISMÈNE, Gardes.

SOLIMAN.

MADAME, enfin le Ciel vous ramène un Guerrier
Formidable aux Chrétiens, un Soudan qui vous aime,

Et qui de vous venger fait sa gloire suprême.
J'avouerai cependant que je suis confondu
De tout ce qu'en ces lieux j'ai d'abord entendu.
Madame, on vous insulte; on prétend qu'une Reine,
Et si digne du trône, & si jeune, & si vaine,
De ses longues fiertés interrompant le cours,
Nourrit tranquillement de perfides amours;
Que vous avez trahi votre Loi, votre gloire.
A ces feux criminels je n'ai point osé croire.
Pour lire dans nos cœurs, les peuples curieux
Interrogent sans cesse & nos pas & nos yeux;
De nos muets regards expliquent le silence,
Souvent d'un mot douteux altèrent l'innocence,
Dupes de tous ces bruits dont ils sont les auteurs,
Et du sceptre toujours insolens détracteurs.
Qui daigne se fier à de tels interprètres,
Ne connaît point des Rois les passions secrètes.
Je sais trop qu'aisément le vulgaire est séduit,
Et j'ai dû présumer que j'étais mal instruit.

AZÉMIRE.

A vos exploits, Seigneur, j'ai des graces à rendre;
Vous avez bien plus fait que je n'osais prétendre,
Et je crains que bientôt vous n'alliez regretter
Des secours & des vœux, qu'il faudrait mériter.
De beaux lauriers, Seigneur, attendent votre vie.
Vengez-vous, délivrez vos Etats & l'Asie,
Renversez des Chrétiens l'étendard odieux:
Je prédis, sur la foi d'un bras si glorieux,
Qu'ils n'auront point cueilli des palmes éternelles.
Mais quant à ces amours perfides, criminelles,
Que votre bouche ici n'ose me reprocher,
Je n'ai point dès long-temps prétendu les cacher.
Vous en pouvez, Seigneur, croire la renommée;
Je n'en rougirai point, j'aime & je suis aimée.
Il n'a que trop sans doute illustré sa valeur,
Turenne désormais possède tout mon cœur,
Et sur son front guerrier où la jeunesse est peinte,
On voit de ses vertus briller l'auguste empreinte.
Il est fier, généreux; & parmi ces Chrétiens,
Il n'est point de hauts faits qui surpassent les siens;
Il m'aime; il est, Seigneur, digne de ma tendresse.
On vous a bien instruit.

SOLIMAN.

Ô trop coupable ivresse!
Vous l'aimez? lui, Madame? & pour prix de mes feux
C'est vous qui me gardiez de si cruels aveux?
Vous l'aimez! vous osez me vanter son courage?
Et j'ai pu mériter un si sanglant outrage?
Ingrate, à vos dangers moi qui vole m'offrir,
Moi, dont la seule faute est de vous trop chérir,
Moi, grand Dieu! Soliman! qui, tout plein d'Azémire,
Alors qu'il me fallait regagner un Empire,
Insensé! pour vous seule assemblant des secours,
N'ai vu que le trépas qui fondait sur vos jours.
Je viens, je suis vainqueur; & quand de ma vaillance
Dans vos regards plus doux cherchant la récompense,
Je vous demande un cœur si peu digne du mien;
Ce cœur est à mes yeux épris d'un vil Chrétien,
De l'un de ces brigands dont vous étiez la proie,
Sans le funeste amour qui dans ces lieux m'envoie!
Ah! sans peine du moins vous pouviez me choisir
Des rivaux dont ma gloire aurait moins à rougir.
De mon nom, de mon rang j'ai l'orgueil inflexible;
Et vous m'avez percé du coup le plus sensible.
C'en est fait, réparons tant de momens perdus;
Donnez-lui votre cœur où je ne prétends plus;
De Soliman bientôt vous serez oubliée;
Et l'injuste dédain, dont ma flamme est payée,
M'interdit désormais la trace de vos pas,
Et me rend tout entier à la gloire, aux combats.

AZÉMIRE.

Cette noble fureur a droit de me confondre;
Mais je sais l'excuser, & veux bien vous répondre.
Quatre ans sont écoulés du moment qu'au cercueil,
Mon père descendu mit tout ce peuple en deuil,
Et moi, seule, orpheline, & sans expérience,
Seigneur, quand je touchais aux bornes de l'enfance,
Il me fallut régner; & de mes faibles mains
La Cilicie entière attendit ses destins.
D'une commune voix à l'hymen appelée,
De momens en momens jusqu'au sein d'Héraclée,
Et l'Afrique & l'Asie envoyaient à mes pieds
Des Princes, des Héros les vœux humiliés.
Si de mon choix long-temps j'eusse été la maîtresse,
J'aurais pu, j'aurais dû, Seigneur, je le confesse,
Puisque tout me pressait de nommer un époux,

Entre

TRAGÉDIE.

Entre tant de Héros jeter les yeux sur vous?
Mais vous êtes instruit de l'amour qui m'enflamme;
Et le plus doux espoir qui flatte encor mon ame,
Est de voir aujourd'hui Soliman m'oublier,
Et de rendre à la gloire un si vaillant Guerrier.

SOLIMAN.

Vous m'insultez, cruelle, & vous ne pouvez croire
Que j'écoute en effet les conseils de la gloire.
Vous vous trompez. Un jour vous me connaîtrez mieux;
Si je vous aime encor, un jour, loin de vos yeux,
Éteignant à loisir cette ardeur qui vous flatte,
Je saurai, croyez-moi, détester une ingrate,
Etouffer de son nom l'odieux souvenir,
Dédaigner ses mépris, peut-être les punir.

AZÉMIRE.

J'y consens; mais d'où vient cette haine cruelle;
Ce jour à des sermens me voit-il infidelle,
Seigneur! tant qu'à mes loix votre cœur fut soumis;
Ma bouche, ni mon cœur ne vous ont rien promis.
Victime dévouée à Soliman qui m'aime,
Je n'ai pu toutefois disposer de moi-même?
J'avais cru de l'amour le langage plus doux,
Et d'un jeune Héros, tout aussi grand que vous,
Azémire, Seigneur, plus tendrement aimée,
N'est point à la menace encore accoutumée.

SOLIMAN.

Ainsi vous le verrez par des nœuds si chéris
Oublier aisément son culte & son pays,
Fouler aux pieds le Dieu qu'ont adoré ses pères;
Le Dieu qu'aux champs d'honneur appelaient ses prières;
Dont ses Chrétiens & lui, pleins d'un zéle si beau,
Sont venus conquérir le stérile tombeau;
Et de nos ennemis, réprimant l'insolence,
Son bras va désormais porter votre vengeance.
Vous retrouvez, Madame, en un si grand appui,
Soliman, vos Sujets que vous bravez pour lui.
S'il faut que d'un Chrétien ils subissent la chaîne,
De ce Peuple irrité n'attendez que la haine.
Croyez-vous qu'à ce point il se laisse outrager?
Sans frémir toutefois, vous y pouvez songer,
Et laisser de vos feux parler la violence,
Quand l'Asie en courroux les condamne au silence!

AZÉMIRE.

Turenne est tout pour moi, je n'ai point de terreur;

B

Turenne est mon Amant, il sera mon vengeur.
Sa main repoussera la main qui nous opprime ;
Soliman, les Chrétiens pourront y voir un crime.
Mais bientôt mes sujets sauront chérir la loi
D'un François, d'un Héros digne d'eux & de moi;
Et loin qu'à leur caprice, une Reine asservie,
Aux jours qui lui sont chers ne puisse unir sa vie,
Je me flatte, ou je vois approcher les instans
De former ces beaux nœuds, reculés trop long-temps.
Ce discours vous surprend : vous que mon cœur sait plaindre,
Que j'admire, Seigneur, mais que je ne puis craindre;
Vos yeux ne verront point un hymen odieux ;
Fuyez loin d'une ingrate, abandonnez ces lieux,
Abjurez, étouffez une inutile flame ;
Vous le voulez. Partez.

SOLIMAN.

Je resterai, Madame.
Vous avez tout prévu : soyez unis tous deux :
Qu'il règne, ce Français, & qu'au gré de vos vœux,
L'encens brûle pour lui dans la sainte Mosquée :
Et puisse des Chrétiens la haine provoquée,
Respectant comme moi de si nobles amours,
De vos félicités ne point troubler le cours !
Pour vos Sujets, du moins vous en êtes chérie ;
Et quand il s'agira de calmer leur furie,
On peut bien à vos yeux en réserver le soin ;
Mais d'un si grand hymen je veux être témoin.

SCÈNE IV.

AZÉMIRE, ISMÈNE, Gardes.

AZÉMIRE.

Qu'il reste, mais sur-tout, qu'évitant mon approche,
Il songe à m'épargner un importun reproche.
Sans doute il m'est affreux de causer son malheur,
J'ai pitié de ses feux, j'admire sa valeur ;
Mais, ne souffrirai point l'altière jalousie
D'un Tyran qui m'oppose & mon Peuple & l'Asie;
Et d'un regard sinistre accablant nos destins,

Voudra sur tous nos jours repandre ses chagrains.
ISMÈNE.
Une Reine à son gré dispose de son ame ;
Mais ce Tyran jaloux, c'est un Héros, Madame.
Son pouvoir a long-temps égalé ses exploits ;
Des rives du Sangar, il étendit ses loix
Jusqu'aux champs fortunés où l'Asie expirante
Voit naître & s'élever cette Europe insolente.
Le sort doit avouer ses desseins généreux :
Vous le verrez bientôt de ses jours plus heureux
Ralumer à jamais la splendeur éclipsée,
Et renverser la Croix sous qui tremble Nicée.
Tel est le noble espoir dont s'est flatté son bras ;
C'est votre espoir Madame, & si vous n'avez pas
A de si beaux destins donné quelque tendresse,
S'il est à redouter, du moins avec adresse
Vos discours moins cruels auraient dû ménager
Un Soudan qui vous aime & qui peut se venger.
AZÉMIRE.
Va, je ne crains plus rien. Qu'il m'aime ou me déteste,
Qu'importe Soliman, que me fait tout le reste,
Si je puis à toute heure, Ismène, à tout moment,
Voir, aimer, contempler les traits de mon amant !
Aux vœux de mon amant si toute consacrée,
Heureuse, je l'adore & j'en suis adorée !
L'orgueil de Soliman n'a fait que m'irriter.
Ismène, dans mes fers devais-je l'arrêter ?
A ce cœur enflammé l'adresse est inconnue,
Et Turenne..... Je cours m'énivrer de sa vue.
J'ai besoin de le voir, d'oublier près de lui
Un Soudan qui se croit mon vengeur, mon appui,
D'oublier mes Sujets, ces lieux qui m'ont vu naître,
Ces Chrétiens, qui voudraient me l'enlever peut-être,
Tout ce qui n'est pas lui, tout excepté mes feux,
Et les liens charmans qui combleront nos vœux.

ACTE II.

SCENE PREMIÈRE.
AZÉMIRE, TURENNE.
TURENNE.

Quoi ! Madame, est-il vrai qu'au sein de votre Cour,
Le Soudan de Nicée a devancé le jour ?
Que les Chrétiens défaits ont rétabli sa gloire,
Et qu'il vient réclamer le prix d'une victoire ?
Il vous aimait, Madame.
AZÉMIRE.
Ah ! ce n'est point à vous
D'oser en concevoir des sentimens jaloux.
Il menace, il comptait sur ma reconnoissance ;
S'il a vu mes dangers, s'il a pris ma défense,
Cette nuit dans nos murs, s'il est rentré vainqueur,
S'il aime, il faut que j'aime, & je lui dois mon cœur.
Ah ! quand ce cœur volait au devant de ton ame,
Tu n'as pas eu besoin de commander ma flame.
Que dis-je ? Tu m'aurais prescrit de te haïr,
Mon cœur, en te voyant, n'aurait pu t'obéir.
Il obéit au Ciel qui fait sa destinée,
Et brave du Soudan l'arrogance étonnée ;
Il me parlait en maître, assuré qu'aujourd'hui
Je devais en lui seul contempler mon appui.
Mais il sait, un moment je n'ai pu me contraindre,
Il sait que désormais je n'ai plus rien à craindre,
Qu'un autre a su me plaire, & qu'un autre aux combats....
TURENNE.
Moi ! contre des Chrétiens ! ne vous en flattez pas.
Moi ! que de tous les miens exécrable homicide,
J'aille sur vos remparts chercher le parricide ?
Hélas ! Bouillon m'aimait, & l'aurais-je oublié ?
Ils me sont tous unis de sang ou d'amitié ;
Mon père, entre leurs mains remettant ma jeunesse :
„ Tenez, Chrétiens, voici l'espoir de ma vieillesse,
„ Daignez former son cœur, veillez toujours sur lui. „
Il pleurait. Dieu puissant ! s'il savait qu'aujourd'hui

Mon cœur d'une Infidelle a reconnu l'empire,
S'il favoit..... Je t'afflige, ô ma tendre Azèmire!
En vain dans fes regards j'ai toujours vu ma loi,
Je fens qu'il ne pourrait me détacher de toi.
Mais, au nom de tes feux, prends pitié de Turenne,
Songe qu'à des Chrétiens je ne dois point ma haine,
Et ne commande plus à mes fens attendris
D'aller affaffiner tous ceux que j'ai chéris.

AZÈMIRE.

Eh bien! à tes fermens, va, mon cœur s'abandonne.
Puis-je encor efpérer que le tien me pardonne:
Je veux ce que tu veux, l'Amour m'en eft témoin,
Turenne; & c'eft lui feul qui m'emporte trop loin.
Tu m'aimes, que veux-tu? j'ai cru pouvoir prétendre
Que ta main, fans frémir, s'armât pour me défendre.
Turenne, fi fes jours craignaient quelque danger,
Verrait que c'eft ainfi que j'ai dû le juger.
Mais de tes fentimens j'approuve la nobleffe,
Le fouvenir des tiens n'eft point une faibleffe.
Et je ne me plains pas fi ce cœur combattu
Eft autant qu'à l'amour fenfible à la vertu.
Le crois-tu, cependant, que le Ciel nous opprime?
Qu'il brife nos liens? que nos feux foient un crime?

TURENNE.

Non, pour être brifés ces liens font trop forts:
Non: je ne le crois pas, mais je fens des remords.

AZÈMIRE.

Des remords! & qui peut les caufer?

TURENNE.

Tout, Madame,
Daignez être mon Juge, & lifez dans mon ame.
Né d'encêtres qui tous ont, par d'heureux exploits,
Soutenu la Patrie & protégé les Rois,
D'être un jour leur égal j'ai conçu l'efpérance;
Aimé de mes rivaux, admiré de la France,
Content & glorieux, & de palmes chargé,
Voilà pourtant le fort qui m'était préfagé.
Et maintenant, grand Dieu! quel excès de faibleffe!
Aimer & foupirer, & dévorer fans ceffe!
La honte & la douleur qui s'attache à mes pas!
Pourquoi me parliez-vous de vos affreux combats?
Il n'eft plus de lauriers, de combats, de victoire,
Je ne puis qu'être heureux? j'avais befoin de gloire.
Heureux! non, je pourfuis un bonheur incertain.

AZÉMIRE,
AZÈMIRE.
Dieu! qu'entends-je?
TURENNE.
Et comment deviner son destin?
Voilà ce qui remplit mon ame intimidée.
Madame, il est trop vrai, cette importune idée
Tourmente nuit & jour mes esprits effrayés,
M'assiège auprés de vous, me poursuit à vos piés.
Je consulte mon cœur, vous dictez sa réponse:
Le passé toutefois, le présent ne m'annonce
Qu'un destin sans honneur, que des jours de courroux.
Puisse au moins l'avenir se déclarer pour nous!
Ah! sans aller nous perdre en ces incertitudes!
Bornons le cours amer de tant d'inquiétudes:
Ne cherchons point comment nous serons plus heureux,
Ne voyons que l'amour, n'écoutons que nos feux;
Et l'espérance, hélas! l'espérance suprême,
Qui tient lieu du bonheur, qui peut-être est lui-même.

AZÉMIRE.
Soliman vient encor troubler nos entretiens.

SCÈNE II.

Les mêmes, SOLIMAN, NARSÈS.

SOLIMAN.

J'AI dû les respecter; mais un de ces Chrétiens
Dans la ville, Madame, à l'instant se présente.

AZÉMIRE.
O Ciel!

TURENNE.
(*A part.*) Où me cacher?

SOLIMAN.
La foule impatiente,
A pas tumultueux, le guide en ce palais,
En rassemblant sur lui des regards inquiets.

AZÉMIRE.

(*A part.*)
Que me veut-il?

TRAGÉDIE.

TURENNE.
(*A part*) Fuyons.

AZÉMIRE.
Où courrez-vous, Turenne?

TURENNE.
Hélas! qui que ce soit, j'ai mérité sa haine.
Souffrez que je l'évite, & que, loin de ces lieux,
Je retarde l'instant de m'offrir à ses yeux.

SCÈNE III.

AZÉMIRE, SOLIMAN, NARSÈS.

SOLIMAN.
Voila donc cet amant dont votre ame est charmée,
Madame, & c'est ainsi qu'Azémire est aimée!
Quelle est donc sa pensée? Aux regards des Chrétiens,
Peut-être il rougirait de vos feux & des siens!
Ne regarde-t-il pas, comme une ignominie,
Cette ardeur qui l'honore & qui vous humilie?
Et vous l'aimez!

AZÉMIRE.
Seigneur, ce Chrétien ne vient pas.

SOLIMAN.
L'empressement du Peuple a ralenti ses pas;
Vous le verrez bientôt: mais le voici.

SCENE IV.

Les mêmes, D'AMBOISE.

D'AMBOISE.
Madame,
Un Chef digne de nous, & que l'honneur enflamme,
M'a daigné confier d'assez grands intérêts;
Il aime ses Guerriers, vous aimez vos Sujets!

Des Chrétiens dont le fort a trahi le courage,
Au milieu des combats ont fubi l'efclavage ;
Mais par un même fort vos meilleurs combattans
Dans le camp des Chrétiens languiffent dès long-temps.
Si, vous laiffant toucher à leurs plaintes communes,
Vous voulez terminer ces longues infortunes,
Vos Sujets reviendront défendre ces remparts,
Nos Croifés fe rendront à leurs faints étendards.
Il en eft un fur-tout, un que chérit la France ;
Joignant à fes vertus une illuftre naiffance,
Turenne de nos Chefs & du foldat aimé,
Dans les regrets publics eft fans ceffe nommé.
Ah ! de vos défenseurs rachetez la vaillance,
Rendez-nous des Chrétiens ; & fi, pour récompenfe,
Tandis que vous verrez le Soleil en fon cours
Mefurer trente fois & les nuits & les jours,
Une trève, arrêtant les fanglantes alarmes,
Doit vous fembler utile au repos de vos armes ;
De la part des Chrétiens je puis vous l'accorder,
Madame, & c'eft à vous de me la demander.
Voilà ce que Bouillon m'a chargé de vous dire.

AZÉMIRE.

Aux defirs de Bouillon, Seigneur, je veux foufcrire ;
Mais . . . . .

SOLIMAN.

Ciel ! y penfez-vous, Madame, & devez-vous
A ces difcours hautains un traitement fi doux ?
De ces Chrétiens vainqueurs quel feroit le langage,
Alors qu'ils font vaincus s'ils prodiguent l'outrage,
Si leur Ambaffadeur, fier de nous offenfer,
Parle dans votre Cour de vous récompenfer !
Loin qu'il puiffe en un mot vous impofer en maître,
Une trève aux Croifés néceffaire peut-être,
Lui-même en fuppliant dût-il la demander.
Il ne faut point fonger, Madame, à l'accorder.
Chrétien, cette franchife augufte & révérée,
A tout vos Chevaliers n'eft-elle plus facrée ?
Une fauffe pitié n'éblouit point nos yeux ;
Dépofez, croyez-moi, cet art infidieux :
Ofez en convenir ; fi cette nuit fanglante
Dans le camp de Bouillon n'eût jeté l'épouvante,
D'une trève aujourd'hui vous n'auriez point parlé.
C'eft bien légérement que Bouillon s'eft troublé ;

Le

TRAGÉDIE.

Le Ciel, jusqu'à préfent à vos defirs propice,
N'a point de vos grandeurs creufé le précipice;
Mais de plus d'un combat ces lieux feront témoins:
Vous y comptez, je crois ?

D'AMBOISE.

Nous l'efpérons du moins.
Et c'eft trop exalter une faible victoire,
Dont même avec la nuit vous partagez la gloire.

SOLIMAN.

Et fi la nuit, Chrétien, ne t'eût pas fecondé,
Crois-tu qu'à tes efforts Antioche eût cédé ?

D'AMBOISE.

Peut-être.

AZÉMIRE.

Abandonnez une menace vaine,
Et parlez dans ma Cour, & devant une Reine,
Vous, Seigneur, en Saudan, vous, en Ambaffadeur :
Pour un jour de combat réfervez cette ardeur.
Malgré votre victoire, & fon orgueil étrange,
Je veux bien accepter & la trève & l'échange.
Avec fes compagnons Turenne peut partir,
Et j'y confens, Chrétien, s'il y veut confentir.

D'AMBOISE.

O Ciel ! & pouvez-vous douter qu'il y confente,
Madame; & voudrait-il abufer notre attente ?
Et la gloire aujourd'hui n'en doit-elle obtenir......

AZÉMIRE.

Il fuffit : vous pourrez le voir, l'entretenir.
Me faut-il cependant répondre de fon ame ?
Le puis-je ?

D'AMBOISE.

Pardonnez, je l'avais cru, Madame.
On difait qu'en ces lieux Turenne déformais
Veut à des nœuds chéris s'abandonner en paix,
Qu'il aime en votre Cour.

SOLIMAN.

(*A part.*) Ciel !

AZÉMIRE.

Pouvez-vous le craindre ?

D'AMBOISE.

S'il était vrai, Madame, un ami doit le plaindre.
Mais j'ai peine à fonger qu'oubliant fon devoir....

C

AZÉMIRE,

AZÉMIRE.

Ne vous ai-je pas dit que vous pourrez le voir?

D'AMBOISE.

Déjà par vos discours je conçois sa faiblesse.

AZÉMIRE.

Tant d'audace, Chrétien, m'importune & me blesse;
Vous le verrez; allez.

D'AMBOISE.

(*A part.*) Tout m'alarme pour lui.
Le péril est pressant; mais je suis son appui.

SCÈNE V.

AZÉMIRE, SOLIMAN, NARSÈS.

SOLIMAN.

A cet évènement je n'osais point m'attendre.
Quoi! vous y consentez?

AZÉMIRE.

(*A part.*) Turenne va l'entendre.
Mais je connais son cœur.

SOLIMAN.

Ah! vous devez songer
Que de vos fers, Madame, on vient le dégager.
Croyez-vous sur son cœur avoir tant de puissance,
Que rien ne puisse au moins suspendre la balance?
Entraîné loin de vous qu'il demeure, & qu'enfin
La voix de son pays le redemande en vain?

AZÉMIRE.

Oui, je le crois sans doute; oui, telle est mon attente;
Oui, loin de ses regards je lui serait présente;
A ses feux, malgré vous, je dois me confier;
Je le dois, je le veux. S'il osait m'oublier,
S'il devenait ingrat, (sans doute il ne peut l'être,)
Plaignez mon infortune & sachez me connaître,
Gardez-vous d'un espoir prêt à se ranimer;
Vous me verriez mourir, mais non pas vous aimer.
Adieu, Seigneur.

SCÈNE VI.

SOLIMAN, NARSÈS.

SOLIMAN.

J'AI peine à contenir ma rage.
C'eſt peu de votre haine, ah! joignez-y l'outrage;
Ma valeur a le prix qu'elle dut obtenir.
Oui, j'ai tout fait pour vous; eſt-ce aſſez m'en punir?
Barbare, accablez-moi, je ſuis votre complice;
Je ne puis vous haïr, c'eſt mon plus grand ſupplice.

NARSÈS.

Seigneur, tant de faibleſſe....

SOLIMAN.

Eh! veux-je l'excuſer?
Raſſaſié d'affronts ſans me déſabuſer!
Allons.

NARSÈS.

Comment, Seigneur? quel deſſein vous inſpire?

SOLIMAN.

Allons chercher encor les mépris d'Azémire.
Je ſuis las de les craindre, allons les mériter,
Et trouver dans ſes yeux de quoi lui réſiſter.
Elle règne en Tyran dans mon ame éperdue;
Mais je prétends; je veux m'aguerrir à ſa vue,
Et rendre à ſes dédains adorés trop long-temps,
Des dédains froids comme elle, & comme elle inſultans.

ACTE III.

SCÈNE PREMIÈRE.
D'Amboise.

JE vais donc le revoir ; je vais enfin connaître
Jusqu'où tombe un Héros quand l'Amour est son maître.
Je n'en saurais douter, ils brûlent tous les deux ;
Les regards d'Azémire étaient pleins de ses feux.
Ce superbe palais, ces marbres, ce portique,
Tout ce faste imposant du luxe asiatique,
A ces murs séducteurs ces chiffres suspendus,
Dans un air enflammé ces parfums répandus,
De mille voluptés les charmes infidèles
Plongent l'ame étonnée en des langueurs mortelles....
Non, tout n'est pas perdu, puisqu'il va m'écouter.
Un cœur si jeune encor pouvait-il résister ?
Ainsi dans un moment changent les destinées,
Et d'autres soins jadis ont rempli tes journées,
Turenne. Environné de guerre & de travaux,
Au sein de ses amis, de ses nobles rivaux,
Il respirait un air en grands exploits fertile.
Ici, dans les douceurs d'un loisir inutile,
Son ame toute entière est en proie au sommeil,
Et ne peut concevoir le moment du réveil.
Mais il vient.

SCÈNE II.
D'AMBOISE, TURENNE.
Turenne.

JOUR heureux ! c'est le Ciel qui t'amène.
D'Amboise, est-ce bien toi ? toi, l'ami de Turenne ?
Viens dans mes bras.

TRAGÉDIE

D'AMBOISE.
         Arrête. Avant de m'y presser,
Dis-moi quel est celui que je dois embrasser.

TURENNE.

Tu peux....

D'AMBOISE.
         Envers son Dieu Turenne est-il perfide ?
Tu rougis.

TURENNE.
         Cet accueil m'afflige & m'intimide.
(A part.)
Saurait-il....

D'AMBOISE.
         Un transfuge au camp s'est présenté.

TURENNE.

Un transfuge ? Il a dit....

D'AMBOISE.
         Il a tout raconté.

TURENNE.

Ciel ! qu'entends-je ?

D'AMBOISE.
         Il prétend que, chéri d'une Reine,
Sensible à son amour....

TURENNE.
         Il a dit vrai.

D'AMBOISE.
                   Turenne.

TURENNE.

Ah !

D'AMBOISE.
         Tu n'oublieras point ton Dieu ni ton pays :
Bouillon l'espère encor, & moi je l'ai promis.
L'attente des Chrétiens ne sera point frivole ;
Je l'ai promis, te dis-je, & je tiendrai parole.
Tu sais, je sais aussi tout ce que je te doi ;
Je t'aime, & je n'ai point oublié que sans toi,
Sous des glaives nombreux, ma valeur terrassée,
Aurait trouvé la mort dans les champs de Nicée.
C'est mon tour aujourd'hui d'être le bienfaiteur ;
Tu m'as sauvé le jour, je te rendrai l'honneur.

TURENNE.

D'Amboise, il faut parler. Ton amitié m'est chère ;
Mais aux vœux des Chrétiens je ne puis satisfaire.

D'AMBOISE.
Tu le crois.
TURENNE.
Un ami n'a rien à te cacher ;
Et mon cœur dans le tien demande à s'épancher.
Sans crainte & sans détour permets qu'il se déploie,
N'augmente point l'horreur qui se mêle à ma joie,
Ne sois pas inflexible, & laisse moi goûter
Ce qu'au prix de la gloire il me faut acheter.
Laisse-moi mon bonheur. Il n'est plus sous les tentes;
Hélas ! songeant encor à des palmes absentes,
Encor plein des exploits qui me furent promis,
A l'ombre de ces murs trop souvent je gémis.
Plains-moi, dans les hasards fais oublier Turenne :
A ta gloire, d'Amboise, ajoute encor la mienne,
Perdu pour les Chrétiens, je veux revivre en toi,
Va cueillir ces lauriers qui ne sont plus pour moi,
Et ne tourmente plus une ame infortunée,
Qu'à des nouveaux destins l'amour a condamnée.

D'AMBOISE.
L'amour ! Dans ces climats aux langueurs consacrés,
Sous un Prophète impur long-temps déshonorés,
Je veux bien, mon ami, que sa voix criminelle
A la voix de l'honneur soit constamment rebelle;
Je veux qu'un Syrien, soigneux de s'avilir,
Dans la honte à son gré puisse s'ensevelir,
S'ignore, & chaque jour adorant sa faiblesse,
Traîne une longue mort au sein de la mollesse :
Mais l'Amour est plus fier parmi nos Chevaliers,
Il enfante la gloire & les travaux guerriers ;
Sa voix est généreuse, & dans ces grandes ames
De l'héroïsme encor fait irriter les flammes.
A la Cour de Philippe il fallait faire un choix
Qui voulût un cœur pur & des rares exploits.
De tes succès bientôt noblement amoureuse,
De ton nom répété, de ses feux orgueilleuse,
Elle aurait dit un jour en nommant son vainqueur :
C'est dans Jérusalem qu'il mérita mon cœur.
La beauté de tout temps brûla pour les grands hommes ;
O Turenne ! l'Amour nous fait ce que nous sommes.
Compagnon de la gloire, il nous guide aux combats ;
Au milieu des dangers il affermit nos pas,
De notre saint courage, aux rives de la France,
Il sera quelque jour la douce récompense,

TRAGÉDIE.

Et des plus belles mains cent lauriers préparés,
Appellent de Sion les Conquérans sacrés.
Si tu veux écouter une plus haute envie,
Ce grand espoir de vivre au delà de sa vie,
Oh ! c'est peu, mon ami, que d'un cri glorieux
Les Peuples étonnés nous portent jusqu'aux Cieux,
Que l'honneur & l'amour déjà nous applaudissent,
De nos augustes faits les siècles retentissent.
Vantés au loin, chantés chez nos derniers neveux,
Célébrés chez leurs fils, ils vont faire après eux,
Retracés d'âge en âge en des récits fidèles,
L'étonnement du Monde & des races nouvelles.

TURENNE.

Ces discours généreux que m'adresse ta voix,
Mon cœur en frémissant se les est dits cent fois ;
Mais je n'aspire plus à tant de renommée ;
Et contre qui veux-tu que ma main soit armée ?
J'ai déposé le glaive, & c'est pour elle enfin ;
Et je dois le reprendre & lui percer le sein !
Elle, qui nourrissant une injuste espérance,
Voyait déjà mon bras voler à sa défense.
Connois-moi : pour servir aujourd'hui son courroux,
Non, sans doute, mon bras ne peut rien contre vous ;
A l'honneur jusque-là je ne suis point rebelle,
Non ; mais pour vous enfin je ne puis rien contre elle.

D'AMBOISE.

Sois son vengeur, Turenne, ou sois son ennemi,
Et non pas vertueux, criminel à demi.
Pour ces murs cependant un long calme s'apprête ;
Tous les vœux sont tournés vers une autre conquête ;
Bouillon, d'un siége obscur fatigué désormais,
Au Sépulcre divin veut marcher sans délais ;
Rien ne doit t'alarmer.

TURENNE.
Ainsi loin d'Azémire,
Pour venger notre affront, j'irais.....

D'AMBOISE.
Qu'oses-tu dire ?
Ce n'est pas notre affront, c'est l'injure des Cieux.
Quand nous avons quitté ces champs délicieux.
Que baigne ou la gironde, ou la Seine, ou la Loire,
Ce fut pour conquérir une pénible gloire ;
Et, franchissant les monts, les fleuves, les torrens,

L'astre des Syriens, aux regards dévorans,
Les armes, les remparts, les landes infécondes,
Nous devions du Jourdain venger les faintes ondes,
Abattre du Croissant la coupable grandeur,
Et des murs de Sion relever la splendeur.
Cette œuvre généreuse est presque consommée,
D'un triomphe éternel notre route est semée,
Tout a subi le joug, Sion nous tend les bras,
Pour aller jusqu'à Dieu nous n'avons plus qu'un pas.
Un seul : & tu prétends retourner en arrière !
Que diront les Français ? que dira ton vieux père,
Alors qu'il apprendra par d'indignes récits,
Qu'en des bords criminels on a laissé son fils ;
Qu'à l'honneur, aux combats qui t'appellaient loin d'elle,
Son fils a préféré les bras d'une Infidelle,
Ce fils qu'aimait la France, & que du haut des Cieux
Avec orgueil déjà contemplaient ses aïeux ?
Ton père ! & voilà donc le prix de sa tendresse !
Il se rappellera ces temps où sa vieillesse
Dans les champs de l'honneur guidait tes premiers pas ;
Ce Héros sans regret voisin de son trépas,
Voyait revivre en toi ses belles destinées :
Après avoir été pendant quarante années
Le soutien de nos Lis, l'honneur des Chevaliers ;
Ses cheveux blancs encor attendaient tes lauriers.
Il lui faut désormais, sans fils, sans espérance,
Chargé de tant d'exploits rougir devant la France,
Et de ses jours vieillis maudissant le fardeau,
Traîner plaintivement son nom dans le tombeau.

TURENNE.

Ne me présente plus cette acablante image.
Il connaîtrait la honte ! & voilà mon ouvrage ?
Il verrait tant d'exploits par moi seul obscurcis,
Et ses derniers soupirs accuseraient un fils ?

D'AMBOISE.

Eh bien, que résous-tu ?

TURENNE.

Cruel ! eh ! que résoudre ?
Demeurer, je suis vil & rien ne peut m'absoudre ;
Fuir....

D'AMBOISE.

Tu reprends ta gloire.

TURENNE.

Et je perds le bonheur.

TRAGÉDIE.

Du choix qui m'est resté conçoi-tu la rigueur?
Flotter entre une amante & l'honneur, la Patrie,
Entre le désespoir, helas! & l'infamie.

D'AMBOISE.
N'es-tu donc plus Chrétien?

TURENNE.
Je suis encor amant.

D'AMBOISE.
Insensé!

TURENNE.
L'oublier!

D'AMBOISE.
Tu le dois.

TURENNE.
O tourment!

D'AMBOISE.
Faut-il être avili?

TURENNE.
Faut-il être parjure?

D'AMBOISE.
Tu l'es.

TURENNE.
Que décider?

D'AMBOISE.
Rends-toi, je t'en conjure:
Que dis-je? on te l'ordonne; & non plus l'amitié,
Et non plus pour ton père un reste de pitié,
Non plus tous les Chrétiens, Bouillon, ni l'honneur même;
Mais un plus grand pouvoir, mais une voix suprême,
Un Dieu qui nous entend, qui nous voit en ces lieux,
Qui repose sur toi ses invisibles yeux.
Ne trahis point, Turenne, une cause si belle;
Tout doit s'anéantir lorsque Dieu nous appelle.
Tu l'entends, il te parle, il veut être écouté,
Il venge tôt ou tard son ordre rejeté:
Ton cœur, songes-y bien, devant lui fut coupable.
Tu frémis. Ne rends point ton crime irréparable;
Mérite le pardon qu'il te faut obtenir,
Et ne lui laisse pas le temps de te punir.

TURENNE.
Je ne résiste plus; courons, courons aux armes.
D'Amboise, en t'écoutant je rougis de mes larmes.
D'un feu moins triomphant mon cœur fut pénétré;

D

Alors que dans Clermont le Pontife inspiré,
Urbain, des lieux sacrés prêchant la délivrance,
Au tombeau glorieux précipitait la France.
Jamais le saint Hermite & ses mâles accens,
De cet effroi divin n'embrasérent mes sens,
Lorsque du Sarrabat les rives prisonnières
Virent flotter la Croix sur nos saintes Bannières,
Ou lorsque dans le choc des combats meurtriers,
Ses vœux ouvraient le Ciel à nos vaillans Guerriers.
Sois mon fidèle appui, c'est toi que je veux suivre;
Je vois que dans ces lieux je ne saurais plus vivre,
Je sais que dans ces lieux j'avais mis mon bonheur,
Je sais que d'aujourd'hui tout doit m'y faire horreur,
Que son culte est affreux, que c'est une Infidelle:
Et j'ai tout expié, puisque je fuis loin d'elle.
J'offre à Dieu les tourmens qu'elle me fait souffrir,
Je fus coupable, amis, si j'ai pu la chérir,
Ou plutôt je le suis; elle m'est chère encore;
Je rougis de pleurer, je pleure, & je l'adore,
Et je sens..... Ne crains rien, tu vois mon désespoir,
Mais tu seras content, Bouillon va me revoir.

D'AMBOISE.

Ce n'est pas tout.

TURENNE.

Comment!

D'AMBOISE.

Il faut, mon cher Turenne,
D'un espoir insensé désabuser la Reine.

TURENNE.

Moi!

D'AMBOISE.

L'effort est pénible, il te pourra couter;
Mais le prix est si beau que tu vas remporter.
Pour ne point succomber à de viles tendresses,
Songe que Dieu lui-même a reçu tes promesses:
Moi, de nos compagnons détenus dans les fers,
Je cours, il en est temps, sécher les pleurs amers;
Aux tentes des Chrétiens c'est moi qui les rassemble:
Attends-moi dans ces lieux ce soir; &, tous ensemble,
Nous irons nous ranger sous l'étendard de Dieu.

TURENNE.

Je le veux.

TRAGÉDIE.

D'AMBOISE.

Maintenant viens m'embrasser. Adieu.

SCÈNE III.

TURENNE.

JE vais briser enfin des nœuds illégitimes :
Il faut donc, ô mon Dieu! t'immoler deux victimes ?
Je vais la fuir. Ce coup n'était pas attendu ;
On le veut, j'ai promis, j'ai fait ce que j'ai dû ;
Allons. C'est son amour, ses pleurs que je redoute.
Ses pleurs ! ils vont couler; je dois gémir sans doute ;
Le Ciel veut mon départ ; mais le Ciel irrité
Peut-il me commander l'insensibilité ?

SCÈNE IV.

TURENNE, AZÉMIRE, ISMÈNE.

AZÉMIRE.

ENFIN donc quelques jours nous pourrons sans alarmes,
D'un amour mutuel respirer tous les charmes,
Turenne ; & ce Chrétien que vous venez de voir,
De vous rendre à Bouillon n'a plus aucun espoir.

TURENNE.

(A part.)   (Haut.)
Quel supplice!.... Azémire !

AZÉMIRE.

Eh bien ?...

TURENNE.

(A part.) Quoi! je balance.
(Haut.)   [A part.]
Sachez.... Non, cet effort n'est pas en ma puissance.

AZÉMIRE.

Vous détournez les yeux, vous pleurez; & je voi
Qu'il vous en a coûté pour être tout à moi.

Comme si les destins, à mes feux plus propices,
M'imposaient aujourd'hui de moindres sacrifices.
Ah! mes Sujets, Turenne; & puis-je m'abuser?
Si Bouillon vous accuse, ont droit de m'accuser.
S'il faut de mes traités rendre compte à l'Asie,
Je dois. le confesser, rien ne les justifie:
Mais enfin je vous aime.... & vous m'aimez.

TURENNE.

Hélas!
Vous voyez...... apprenez.... vous ne concevez pas.....

AZÈMIRE.

Ciel! que dois-je augurer? quel trouble!

TURENNE.

Non, Madame;
On ne brûla jamais d'une aussi tendre flamme.

AZÈMIRE.

Eh bien! s'il est ainsi, qui peut donc vous troubler?

TURENNE.

(*A part.*)
O Dieu! comment se taire, & comment lui parler?
[*Haut.*]
Ce Chrétien.... Nos deux cœurs sont unis dès l'enfance;
Son amitié, Madame.... excusez mon silence;
De tout ce qu'il m'a dit, mes sens encor émus....

AZÈMIRE.

Turenne, apprennez-moi....

TURENNE.

Ne m'interrogez plus.
Je ne puis vous parler, hélas! ni vous entendre;
Et j'ai loin de vos yeux des larmes à répandre.

SCÈNE V.

AZÉMIRE, ISMÈNE.

AZÈMIRE.

ISMÈNE, est-il bien vrai? Je frémis d'y penser;
Quelque chose en son cœur pourrait me balancer!
Il m'échappe, & ses pleurs... Non, je ne puis le croire;

Il m'aime, il doit m'aimer, il y va de sa gloire;
Il y va de ma vie; & l'ingrat désormais
Veut-il de mon trépas payer tous mes bienfaits?
J'aurais trop à rougir.... Il semblait se contraindre.
Il oserait.... Tu vois combien je suis à plaindre!
Dans son cœur mieux que moi tu pouvais pénétrer.
Quel est donc ce secret qu'il doit me déclarer?
Ne m'aimerait-il plus? O destin déplorable!
Quand de vos sentimens l'objet irréparable,
Après tant d'heureux jours oubliés désormais,
Vous fuit, vous abandonne, & cela pour jamais!
Que dis-je? Loin de moi cette image cruelle,
Je sens que j'ai besoin de le croire fidèle.

ISMÈNE.

Quoi, ses fermens....

AZÉMIRE.

     Hélas! où sont donc les momens
Alors que dans ses yeux je lisais ses fermens?
Un reste de tendresse anime encor sa bouche;
Mais ses yeux sont armés d'un silence farouche.
A mon amour, Ismène, il offre désormais
Des larmes, des regards ou troublés ou muets.
Après tout, j'ai moi seule ordonné mon injure,
Il était trop aimé pour n'être point parjure.
Enfin c'est un Chrétien, rien ne doit m'étonner.

ISMÈNE.

D'un changement si noir, pourquoi le soupçonner?

AZÉMIRE.

Ai-je rien fait, dis-moi, pour mériter sa haine?
Me haïr! me tromper! lui, me tromper, Ismène?
C'est d'un frivole soin trop long-temps m'occuper;
Turenne est un Héros, il ne saurait tromper.
Sans redouter sa haine ou son indifférence,
Donnons à ses fermens une entière assurance.
Ses vertus, tout en lui m'est garant de sa foi,
Tout me jure.... & pourtant je tremble malgré moi;
D'un noir pressentiment je ne puis me défendre.
Viens, je veux m'éclairer, je veux le voir, l'entendre;
Lui seul de mes soupçons peut dissiper l'horreur,
Ismène, & mon destin est au fond de son cœur.

ACTE IV.

SCÈNE PREMIÈRE.
SOLIMAN, NARSÈS.

SOLIMAN.

Narsès, avec horreur elle fuit donc ma vue ?

NARSÈS.

Je ne sais ; mais enfin, inquiète, éperdue,
Seigneur, elle semblait nourrir quelques soucis ;
Ses yeux même, ses yeux de larmes obscurcis.....

SOLIMAN.

Non, les pleurs sont pour moi. Tu sais ce qu'on m'apprête ;
Je veux troubler du moins leur exécrable fête.
Tu vois que ces brigands, de ruine affamés,
Tiennent, de toutes parts ses Sujets enfermés ;
Fuyons loin d'elle, ami, fuyons loin de ma honte,
Courons, de ses dédains faisons-lui rendre compte :
Qu'elle pleure à son tour.

NARSÈS.

         Seigneur, y pensez-vous ?
Et quel est donc l'objet d'un si puissant courroux ?
Faut-il quand une femme est ingrate ou parjure,
Les armes à la main réparer cette injure ?
Son joug doit vous peser : sous un joug plus honteux,
Les Chrétiens cependant vous oppriment tous deux.
Voilà le seul penser qui doit remplir votre ame,
Non Turenne, Azémire, & leur stérile flamme.
Eh quoi ! l'on vous préfère un indigne rival ?
Ignorez-vous ce sexe & son penchant fatal ?
Cent fois d'un lâche amour les caprices coupables
Ont fermé son oreille à des vœux respectables,
Et jamais avant vous Guerrier ne s'est armé
Pour punir un objet qu'il avait trop aimé.

SOLIMAN.

Jamais pareille injure. Ah ! que doit-elle attendre ?

TRAGÉDIE

Prétends-tu me blâmer ? Prétends-tu la défendre ?
Justifier son cœur lâchement dégradé ?
Dis-moi, quel intérêt en ces lieux m'a guidé ?
Que m'importaient à moi les dangers d'Héraclée,
Et votre Cilicie à son tour désolée ?
Je n'ai vu qu'Azémire, & j'en reçois le prix.
Il faut donc que j'apprenne à souffrir des mépris ;
Pour tant de cruautés il faut de l'indulgence ;
Et je dois rechercher non ma juste vengeance,
Mais des soupirs perdus, des sanglots impuissans,
Ou le pénible honneur de régner sur mes sens.
Nourri dans les combats, mais tendre, mais sensible,
Je ne connais point l'art de cet orgueil paisible.
De nos ardens climats j'ai toute la fureur :
On ne m'a pas instruit à contraindre mon cœur ;
Et ce cœur indocile aux conseils de la gloire,
Ne sait ni remporter, ni feindre la victoire.
Si je suis Soliman, si l'on m'ose outrager,
Si j'ai versé des pleurs, je prétends les venger.

NARSÈS.

Eh bien ! Seigneur, eh bien ! confiez-vous au glaive ;
Vengez-vous ; si la Reine a besoin d'une trève,
Déclarez aux Chrétiens que la guerre est pour vous.
Ils chancèlent : sur eux précipitez vos coups,
Et défaits à demi par votre renommée,
Une seconde fois traversez leur armée.
J'adopte vos drapeaux, Seigneur ; je ne veux pas,
Pour un vil étranger affronter les combats,
Et toujours d'une Reine adorant les caprices,
Sous un joug sacrilège abaisser mes services.
Ainsi de vos soupirs vous vengerez l'affront ;
Et bientôt, croyez-moi, ses regrets vous suivront ;
Il faudra que son cœur, s'ouvrant à la lumière,
Se déclare pour vous avec l'Asie entière.

SOLIMAN.

Ami, ne perdons pas des momens précieux ;
L'envoyé des Chrétiens approche de ces lieux :
Turenne est avec lui. Je sens que leur présence
Irrite dans mon cœur la soif de la vengeance.

SCENE II.

Les mêmes, D'AMBOISE, TURENNE.
SOLIMAN.

AZÉMIRE a daigné reçevoir vos bienfaits;
Vous la favorisez de quelques jours de paix;
Mais Soliman, Seigneur, ne veut pas d'indulgence :
On pourrait, je le sens, blâmer ma négligence;
Mes pertes, mes affronts ont marqué tous vos pas,
Et la Croix insolente usurpe mes Etats.
Rien ne doit ni fléchir ni suspendre ma haine.
Mon sort n'obéit pas au destin de la Reine;
Et si par des Sujets ses vœux sont respectés,
Ce fer n'est pas du moins soumis à ses traités.
Adieu, Seigneur; bientôt sorti de ces murailles,
Je veux tenter encor le destin des batailles :
J'aurai soin de hâter ces glorieux instans;
Pour vous & pour l'Asie ils seront importans.

D'AMBOISE.

Je le crois; mais, Seigneur, à vous parler sans feinte,
Ces instans ne sauraient nous inspirer la crainte;
Ils seront désirés, & jamais assez prompts.

SOLIMAN.

Je vais tout disposer.

D'AMBOISE.

Et nous vous attendrons.

SCÈNE III.

D'AMBOISE, TURENNE.

D'AMBOISE.

EH bien, de ton départ la Reine est-elle instruite?

TURENNE.

Elle ignore tout.

D'AMBOISE.

TRAGÉDIE D'AMBOISE.

Ciel !

TURENNE.

Tu règles ma conduite ;
Écoute-moi, d'Amboise, & ne t'alarme pas.
A l'instant, s'il le faut, je marche sur tes pas ;
Et quels que soient enfin les attraits d'Azémire,
C'est un camp désormais, c'est la guerre où j'aspire.
Ce Barbare lui seul eût décidé mon cœur ;
Mais toi de mon devoir adoucis la rigueur.
De cet affreux départ porte-lui la nouvelle ;
Puisse encor ta pitié la rendre moins cruelle !

D'AMBOISE.

Tu veux que je lui parle, & j'y dois consentir.

TURENNE.

Et moi, dès ce moment, je suis prêt à partir.
Tu verras qu'aux lauriers je puis encor prétendre,
Que je n'ai point changé.

D'AMBOISE.

Je me plais à t'entendre.
Combien de mes efforts je bénis le succès,
Et combien tous nos Chefs vont être satisfaits !
Sur-tout du vieux Raymond tu combles l'espérance.
Il t'aime, il a souvent regretté ton absence ;
Il pleurait cet amour, qui, souillant tes lauriers,
Enlevait un modèle à nos jeunes Guerriers :
Mais eux ! tu vas les voir & tu vas les entendre.
Eux ! cet emploi si cher à mon amitié tendre,
Montaigu, Chatillon, tous le voulaient remplir ;
Au devant de nos pas tu les verras courir,
Ils vont féliciter la main qui te ramène :
Trop heureux en effet de leur offrir Turenne,
Délivré de sa honte & marchant aux saints lieux,
Turenne digne encor de ses nobles aïeux,
Digne encor d'arracher aux mains de l'Infidelle,
Son Dieu, Jérusalem, & la tombe immortelle,
Digne encor de ce nom qui doit être à jamais
Le bouclier du trône & l'honneur des Français.
On vient, c'est Azémire ; ôte-toi de sa vue.

E

SCÈNE IV.

D'AMBOISE, AZÉMIRE, ISMÈNE.

AZÉMIRE.

TURENNE.... expliquez-moi cette fuite imprévue,
Seigneur; à quel dessein m'osez-vous arrêter?
Que dit-il? que veut-il? & qu'ai-je à redouter?

D'AMBOISE.

Ecoutez-moi, Madame.

AZÉMIRE.

[*A part.*]   O ciel! que vais-je apprendre?
[Haut.]
Parlez.

D'AMBOISE.

Dans votre cœur qui s'est laissé surprendre,
La paix, la liberté doit renaître en ce jour.
Sensibles tous les deux, je sais trop que l'amour
A de votre jeunesse égaré l'imprudence;
Il inspire toujours l'aveugle confiance :
Apprenez qu'à jamais vos cœurs sont séparés;
La fortune entre vous mit des remparts sacrés.
Un devoir éternel qu'il reconnaît lui-même....

AZÉMIRE.

C'en est fait. Achevez; il me hait!

D'AMBOISE.

Il vous aime.
Il vous fuit cependant; montrez-vous aujourd'hui
Maîtresse de vous-même & digne en tout de lui.

AZÉMIRE.

Heureuse par lui seul, toute sous son empire,
Pour l'aimer, pour lui plaire, une amante respire;
L'ingrat! c'est à demi qu'il reconnaît ma loi!
Il a quelque devoir qui l'emporte sur moi!
Il veut me fuir! qu'il parte; il faut bien me soumettre:
C'est l'arrêt de ma mort, il n'en sait rien peut-être.
Mais l'a-t-il prononcé? m'a-t-il pu condamner?
Le croyez-vous enfin qu'il m'ose abandonner?

TRAGÉDIE.

Courez, rendez-le-moi; ramenez.... je m'égare.
Vous voyez mes tourmens, je vous les dois, barbare:
Vous avez tout conduit. Qui? vous me secourir!
Vous! je ne prétends pas, Seigneur, vous attendrir;
Je sais qu'à ma douleur vos yeux trouvent des charmes;
Qu'en m'apportant la mort, que témoin de mes larmes,
Votre cœur les méprise, &, se fermant au mien,
Regarde avec horreur ce qui n'est pas Chrétien.
Ainsi le veut sans doute un implacable maître;
Votre Dieu vous défend....

D'AMBOISE.

      Sachez mieux le connaître.
Sa gloire, & non la haine alluma le flambeau,
Qui dirige nos pas & marche à son tombeau.
D'un trépas éternel son trépas nous délivre,
Et sa Loi me prescrit de l'aimer, de le suivre,
Soldat, vainqueur sous lui, de ne le point trahir,
D'abhorrer votre culte & non de vous haïr.
Vous ne m'entendez pas d'une vertu sauvage
Affecter devant vous le fastueux langage.
Français & Chevalier je ressens vos douleurs,
Et mon cœur ne sait pas insulter à des pleurs.
Laissez de vos chagrins éclater la faiblesse.
Elle est trop excusable & n'a rien qui me blesse;
D'un Héros qui vous aime il faut vous séparer;
Ne vous contraignez pas, c'est l'instant de pleurer:
Pleurez; mais imitez l'exemple de Turenne.
Jaloux de son pouvoir, l'amour cède avec peine;
Mais (& ne puis-je enfin vous en persuader?)
Il est des loix, Madame, à qui tout doit céder.

SCÈNE V.

AZÉMIRE, ISMÈNE.

AZÉMIRE.

DE ce cruel moment j'ai prévu les atteintes,
Mon cœur ne s'ouvrait point à de stériles craintes;
Turenne m'abandonne! & toi, dont j'ai pour lui
Récompensé si mal la vaillance & l'appui,

Vous qui, de ma beauté flattant le vain empire,
Soupiriez, gémissiez pour l'ingrate Azémire;
Si ses dédains cruels vous ont tous outragés,
On l'outrage à son tour; vous êtes tous vengés.
Lui me trahir! Ecoute: on s'abuse peut-être,
Et mon cœur à ces traits ne peut le reconnaître.
Vas, dis-lui.... Mais, Isméne, à quoi bon le revoir ?
Aurai-je encor sur lui quelque ombre de pouvoir ?
Ah! mon incertitude est cent fois plus cruelle.
Va le trouver; dis-lui qu'Azémire fidelle,
Fidele malgré lui, malgré son changement,
Ne veut que la douceur de le voir un moment.

SCÈNE VI.

AZÉMIRE.

S'IL part, plus de bonheur, plus de jours à prétendre;
Et de cet entretien tout mon sort va dépendre.
Ciel! maître des destins, toi qui me fais aimer,
Fais aussi que mes pleurs le puissent désarmer;
Prête, prête à ma voix un accent qui le touche.
Fais, ô Ciel! que mon cœur tout entier sur ma bouche
Trouve son cœur facile & prêt à m'écouter.
Hélas! contre un amour qu'on voudrait surmonter,
Il n'est, je le sens trop, que d'impuissantes armes:
Mais le voici. Je sens redoubler mes alarmes.

SCÈNE VII.

AZÉMIRE, TURENNE.

AZÉMIRE.

NE craignez point, Seigneur, de rencontrer mes yeux;
Approchez-vous. Avant que vous quittiez ces lieux,
Sur ce dernier espoir ma douleur se repose,
Que d'un tel changement vous m'apprendrez la cause.
J'ai cru que vous m'aimiez; les plus tendres discours

AZÉMIRE,

D'un bonheur éternel m'assuraient tous les jours ;
A vous plaire, à vous voir j'étais accoutumée,
Et je ne sais pourquoi je ne suis plus aimée.

TURENNE.
Grand Dieu !

AZÉMIRE.
Vous le savez.

TURENNE.
Interdit & confus...

AZÉMIRE.
Instruisez-moi de grace, & ne me trompez plus.

TURENNE.
Moi ! je vous ai trompée ! & pouvez-vous, Madame,
Pouvez-vous à ce point méconnaître mon ame ?
Vivre en vous adorant m'était un sort bien doux,
Mais il me faut mourir & mourir loin de vous.
Régnez, oubliez-moi. C'est vous que j'en atteste,
Vous, ma Religion, une gloire funeste,
Je vous aime ; & je cours remplir l'ordre du Ciel.
Rester m'est impossible.

AZÉMIRE.
Et c'est aimer, cruel !
C'est aimer ! Quand on aime il n'est rien d'impossible,
Et la haine vaut mieux que cet amour paisible.
Que tes vœux désormais se rassemblent sur moi,
Amis, gloire, parens, je serai tout pour toi.
Moi, régner ! laisse-là mes Sujets, ma couronne ;
Tu prétends loin de toi m'exiler sur un trône :
Je n'en veux plus. Tu cours aux tentes des Chrétiens ;
Voici ta route, allons, mes pas suivront les tiens.
Tu m'aimes, c'est assez. Française ou Syrienne,
Dans ces lieux, dans ton camp, Musulmane ou Chrétienne,
Reine, esclave, il n'importe. Ah ! songe que pour moi
Le trône, le bonheur, l'Univers n'est que toi.
Tu combles tous les vœux de mon ame enflammée ;
Azémire en t'aimant ne veut rien qu'être aimée.
Viens.

TURENNE.
Jusqu'où vos désirs se vont-ils égarer ?
Madame, à cet espoir cessez de vous livrer.
Qui, vous ? suivre mes pas ! Non, vous seriez coupable ;

Et de vous avilir Turenne est incapable.
Les autels de mon Dieu que vous méconnaissez,
D'un hommage imposteur seraient trop courroucés.
Pardonnez; vous l'avez outragé dès l'enfance;
Moi-même en vous aimant je sens que je l'offense.
Quittez après cela votre Loi, votre Cour;
Recevra-t-il des vœux qu'aura dictés l'amour?
Non, non, Madame, il faut....

AZÉMIRE.

Il faut que tu me fuies!

TURENNE.

Azémire, on a vu des amantes trahies,
On a vu des ingrats, d'un beau destin lassés,
Insulter aux sermens qu'ils avaient prononcés,
Délaisser une amante, &, pour comble d'injure,
Aller nourrir loin d'elle une flamme parjure.
Mais se voir l'un à l'autre arrachés malgré soi,
Mais rompre ses liens sans dégager sa foi,
Mais fuir en l'adorant un objet plein de charmes,
Mais retrouver par-tout sa présence & ses larmes!
Quel effroyable sort s'appesantit sur nous!
En causant vos tourmens, je souffre plus que vous.
Ne me retenez plus. Dieu m'appelle & me guide;
Dieu m'attend.

AZÉMIRE.

Tu le veux, eh bien, fuis-moi, perfide.
Sur-tout vante-moi bien ton héroïque effort;
Tu crois servir le Ciel en me donnant la mort:
Le Ciel de tes fureurs ne peut être complice,
Sous les murs de Sion il me doit ton supplice:
Va, tremble d'invoquer au jour de ton trépas
Azémire qui t'aime, & ne t'entendra pas.
(*) Tu veux m'abandonner? eh! comment y survivre?
Tu peux rester, cruel, si je ne peux te suivre.

(*) Le morceau suivant est imité du quatrième Livre de l'Énéide.

Mene fugis? per ego has lacrimas dextramque tuam, te,
Quando aliud mihi jam miseræ nihil ipsa reliqui,
Per connubia nostra, per inceptos hymenæos
Si bene quid de te merui, fuit aut tibi quicquam
Dulce meum: miserere domûs labentis; & istam,
Oro, si quis adhuc precibus locus, exue mentem.

TRAGÉDIE.

Par nos feux mutuels, par le plus doux lien,
Par ces pleurs ; aujourd'hui je n'ai plus d'autre bien ;
Dépouille en ce moment une ame injuste & dure ;
Ah ! ton Dieu, quel qu'il soit, doit venger le parjure.
Chrétiens, Princes, Sujets irrités contre moi,
J'ai tout bravé, Turenne, & tout bravé pour toi.
Mon sceptre, ma couronne à toi seul asservie,
Cet orgueil, ces honneurs, cet éclat de ma vie ;
La pudeur que je crus pouvoir toujours chérir,
Imprudente ! pour toi quand j'ai pu les trahir,
Tu pars ; & loin de toi, ta malheureuse amante,
Loin de toi sur ces bords tu la laisses mourante !

TURENNE.

D'Amboise !

AZÉMIRE.

    Je le vois, ton cœur est agité :
Il ne renferme point tant d'inhumanité.

TURENNE.

Laissez-moi ; de vos pleurs j'ai peine à me défendre ;
Et déja mon devoir ne se fait plus entendre.

AZÉNIRE.

Prends aussi, prends mes jours, si tu fuis loin de moi ;
Ils me sont odieux, ils ne sont plus à toi.
Va retrouver Bouillon ; du sang de ton amante,
Va, cours à tes Chrétiens offrir ta main fumante.
Dis-leur : J'ai pu la voir sans me laisser fléchir,
Tremblante à mes genoux, pleurer, prier, gémir.
Dis-leur : Elle n'est plus, & j'ai tranché sa vie ;
Comblé de ses bienfaits, Chrétiens, je l'ai punie ;
J'ai méprisé ses pleurs, c'était peu du mépris ;
Elle m'idolâtrait, sa mort en est le prix.

TURENNE.

Ciel !

AZÉMIRE.

 Tu frémis ! Turenne,

Tu propter Libycæ gentes, Nomadumque Tyranni
Odere, insensi Tirii : te propter eumem
Extinctus pudor, & quâ fidera adibam,
Fama prior : cui me moribundam deseris hospes ?

TRAGÉDIE.
TURENNE.
O ma chère Azémire?
Sur le cœur d'un amant tu connais ton empire.
Et je te fuirais! moi! qui, moi t'abandonner!
La France & les Chrétiens ont beau me l'ordonner.
Je veux te voir, t'aimer, t'idolâtrer sans cesse,
Jouir de mon bonheur, du tien, de ma tendresse,
Loin de tous les regards brûler à tes genoux,
Brûler, être à jamais ton amant, ton époux,
Toi-même: & si d'un Dieu l'autorité cruelle
A des liens si chers veut me voir infidèle,
Je lui désobéis; &, dût-il se venger,
Tu le veux, c'est assez, je cours me dégager.

ACTE V.

SCÈNE PREMIÈRE.

TURENNE.

JE crains, je fuis d'Amboise. Il faut que je l'attende ;
Il faut que je lui parle, & que son cœur m'entende.
Je dois lui déclarer.... l'oserai-je jamais ?
Il approche.

SCÈNE II.

TURENNE, D'AMBOISE.

D'AMBOISE.

PARTONS, nos compagnons sont prêts.
Tu ne me réponds point ?
TURENNE.
Tu vois couler mes larmes.
C'est te répondre assez.
D'AMBOISE.
Pourquoi donc ces alarmes?
Ah!

TRAGÉDIE.

Ah! fais taire un moment de frivoles douleurs :
Une fois hors des murs je te permets les pleurs.
Marchons.

TURENNE.

Attends encor.

D'AMBOISE.

C'eſt déjà trop attendre.

TURENNE.

Je ne puis te parler.

D'AMBOISR.

Je n'oſe te comprendre.

TURENNE.

Au nom de la pitié.

D'AMBOISE.

Que veux-tu ?

TURENNE.

Je frémis.

D'AMBOISE.

As-tu donc oublié ce que tu m'as promis ?

TURENNE.

Je n'ai rien oublié ; mais plains mon infortune ;
Mais ne m'oppoſe plus une gloire importune,
Ni Bouillon, ni ce Dieu que je dois redouter,
Et que mon cœur ſéduit ne peut plus écouter.

D'AMBOISE.

Juſte Ciel !

TURENNE.

Ce langage a lieu de te ſurprendre.
Oui, c'en eſt fait, d'Amboiſe, il a fallu me rendre,
Je ne partirai point. Tu n'as pas vu ſes pleurs,
Tu n'as pas d'Azémire entendu les douleurs ;
J'ai tout fait, tout tenté pour vaincre ma tendreſſe,
De mon cœur mille fois accuſé la faibleſſe.
Un père, ma patrie, un ami dans ce jour,
L'honneur, Bouillon, Dieu même a combattu l'amour ;
Contre elle, juſqu'à moi, tout s'eſt uni : n'importe,
Seule avec ſon amour Azémire l'emporte ;
Et, las de prolonger un inutile effort,
En tombant à ſes pieds, j'ai déſiré la mort.

F

AZÉMIRE,

D'AMBOISE.

Dieu !

TURENNE.

S'il faut que je meure ou que je la trahisse,
C'est au Ciel à frapper, j'attendrai mon supplice :
Car enfin, d'un tel coup si je vais l'accabler,
Crois-tu que l'avenir pourra la consoler,
J'aurais gardé ce prix à l'amour le plus tendre !
Je pourrais....

D'AMBOISE.

C'est assez, je ne veux plus t'entendre.
Mais puisque j'écoutais un chimérique espoir,
Puisque l'honneur sur toi n'a plus aucun pouvoir,
Puisque tu veux ramper aux pieds d'une maîtresse,
Puisque je dois enfin rougir de ma promesse,
Et que d'un fol amour indignement charmé,
Tu me punis si bien de t'avoir estimé :
Je pars, & je vai dire aux Français qui t'attendent :
Français, c'est vainement que vos cris le demandent,
Il déteste son Dieu, la gloire, la vertu.
Turenne n'est qu'un lâche.

TURENNE.

Ah ! cruel, que dis-tu ?
Si le fer sarasin ne me l'a point ravie,
D'Amboise, tu la hais, c'en est fait, prends ma vie ;
C'en est fait, jeune encor, j'ai déja trop vécu,
Et cet indigne outrage....

D'AMBOISE.

Il pleure : j'ai vaincu.
Va, laisse-les couler ces larmes du courage,
Du réveil d'un Héros éclatant témoignage.
Non, tu n'es point un lâche ; & si jamais ton front
Eût supporté la honte & rougi d'un affront,
Si ta valeur cent fois ne s'était signalée,
Je ne te viendrais pas chercher dans Héraclée ;
Je n'aurais rien promis. Pardonne, si ma voix
D'un odieux reproche outrageant tes exploits,
A su bientôt fixer tes vertus incertaines,
Rallumer ce beau feu qui coule dans tes veines.
Et si le cœur enfin d'un brave Chevalier,
Guéri par une insulte, a brillé tout entier.

TRAGÉDIE.

TURENNE.

Ote-moi mon amour. Du moins, s'il faut te suivre,
En ne me voyant plus, fais qu'elle puisse vivre.
D'un regard de courroux si Dieu voit mes combats,
Non, Turenne, ô mon Dieu! ne se révolte pas,
Ah! qu'au fond de son cœur ta voix daigne descendre:
Prends pitié de ce cœur que tu formas si tendre,
De mille passions jouet infortuné,
Roseau faible & fragile, aux vents abandonné.
Sur-tout que tes bontés ne s'écartent point d'elle.
Si mes vœux, Dieu clément, sont pour une Infidelle,
Ignorer ta Loi sainte, est-ce un crime odieux,
Un forfait qui la rende étrangère à tes yeux?
Elle vient. Je la vois. Où fuir? Ciel!

D'AMBOISE.
Demeure.

TURENNE.
D'Amboise, en la quittant, tu veux donc que je meure!
Quel moment!

D'AMBOISE.
Prends courage & me laisse parler.

SCENE III.

Les mêmes, AZÉMIRE, ISMÈNE.

AZÈMIRE.

Nos destins sont heureux, cessez de les troubler;
A me trahir, Seigneur, cessez de le contraindre,
Et respectez des feux que rien ne peut éteindre.
Si de vos compagnons j'ai rompu les liens,
Allez, portez vos pas vers le camp des Chrétiens,
J'y consens; mais enfin puis-je sans quelque peine,
Voir si tôt mes bienfaits payés de votre haine?
Ah! du moins vous savez que Turenne aujourd'hui
N'est plus à mon amour arraché malgré lui,
Qu'il ne peut aux Chrétiens sacrifier sa flamme.

D'AMBOISE.
D'un inutile espoir vous vous flattez, Madame.

AZÉMIRE.

Qu'entends-je ?

D'AMBOISE.

Il a fallu forcer sa volonté ;
Il osait de son Dieu braver l'autorité.

AZÉMIRE.

Quoi, Seigneur, à me fuir vous consentez encore ?
Vous me quittez !

D'AMBOISE.

Qu'il parte, ou qu'il se déshonore.
Choisissez.

AZÉMIRE.

Malheureuse ! ah ! tout m'est enlevé.

D'AMBOISE.

Pour les plus grands destins Turenne est réservé.
Faut-il que mon ami, foulant aux pieds la gloire,
Perde en de vains soupirs sa vie & sa mémoire ?
Et comment pouvez-vous reprocher à son cœur
D'oublier des sermens qu'a démentis l'honneur ?
Il n'a pas dû choisir le temps de votre absence,
Partir en vous trompant : cet excès de prudence
Est d'un amant perfide, & non d'un Chevalier,
Que l'oubli du devoir peut seul humilier.
Contemplez d'un œil ferme un départ nécessaire.
Eh ! s'il ne s'agissait que d'un Guerrier vulgaire,
Exempt de repentir, ignorant la vertu ;
Mon zèle en un seul jour tant de fois combattu,
Pourrait l'abandonner aux vengeances célestes,
Et d'un courage éteint ne plus chercher les restes.
C'est un Héros : je dois lui rendre son destin ;
C'est mon ami, Madame ; & j'ai promis enfin.
L'amitié contre vous lui servira d'égide.
Excusez ce discours peut-être un peu rigide ;
Vous cherchez dans ses yeux un langage plus doux,
Vous m'écoutez à peine ; & que prétendez-vous ?
Dans un projet honteux votre ame est affermie ;
Il vous aime & ne peut vous consacrer sa vie :
Entre vous deux, Madame, est-il quelque lien ?
Vous êtes Musulmane, & Turenne est Chrétien.

AZÉMIRE.

Oui, de tant de motifs je conçois l'importance ;

TRAGÉDIE.

Son silence a déjà prononcé ma sentence.
Turenne, je croyais, & pouvais-je en douter?
Que jamais votre amour n'oserait me quitter.
Jusqu'au dernier moment je me suis abusée.
Allez; mon espérance est enfin épuisée:
Allez. Votre bonheur n'est plus auprès de moi;
Je reçois vos adieux, je vous rends votre foi.
Remplissez d'un Héros la noble destinée;
Et moi, Reine sans gloire, amante infortunée,
Je traînerai le cours de mes longues douleurs:
N'irritez point le Ciel qui condamne vos pleurs.
Avant que loin dici vous cherchiez la victoire,
Sur ces remparts sanglans craignez une autre gloire.
Craignez que sous vos coups tout mon sang répandu....
Pour vous avoir aimé, c'est le prix qui m'est dû.

D'AMBOISE.

Le Ciel est juste. Alors qu'on a su lui déplaire,
Ce n'est pas un forfait qui fléchit sa colère.
Non, Madame; écoutez des présages plus sûrs.
La guerre va bientôt s'éloigner de vos murs;
Et tranquille bientôt, loin du fracas des armes,
Dans le sein de la paix vous sécherez vos larmes.
J'implorerai moi-même....

AZÉMIRE.

Epargnez-vous ce soin.
Que m'importe la paix? Je n'en ai plus besoin.
Mais vous, qui m'opposez un silence inflexible,
Vous que j'ai tant aimé, vous que j'ai cru sensible,
Qu'Azémire du moins puisse encor une fois
Recevoir vos soupirs, entendre votre voix.

TURENNE.

Aux rives du Jourdain j'emporte votre image.
Azémire, en ces champs dévoués au carnage,
Du moins j'ose espérer qu'un plus heureux destin
De mes jours que je hais aura marqué la fin.
Oubliez une amour aussi tendre que vaine;
Oubliez, s'il le faut, jusqu'au nom de Turenne.
Adieu.

AZÉMIRE.

Parlez.

TURENNE.

Hélas!

AZÉMIRE.
Ne m'importunez plus.

D'AMBOISE. (*entraînant Turenne égaré*)
Viens, suis-moi; c'est ici.

SCÈNE IV.

AZÉMIRE, ISMÈNE.

AZÉMIRE.

Pleurs, sanglots superflus!
Turenne! il fuit. Et moi! douleur insupportable!
Turenne! il remplit seul mon ame inconsolable.
Je ne le verrai plus, & je vais désormais
L'appeler, le chercher, sans le trouver jamais.
L'amour venait s'unir à toutes mes pensées,
Loin de lui, sous ses yeux à lui seul adressées;
Je ne voyais que lui; les ténèbres, le jour,
L'air que je respirais, tout devenait amour.
Turenne! il ne craint pas une amante outragée.
Voilà donc que je meurs; ma mort sera vengée.
Allons, quittons ces lieux, ces lieux jadis charmans,
Témoins de mon bonheur, tout pleins de ses fermens,
Et maintenant voilés de ma douleur profonde,
Où je ne le vois plus, où je suis seule au monde.
Courons.

ISMÈNE.
Qu'espérez-vous?

AZÉMIRE.
Je pourrai le revoir.
Je mourrai de sa main; c'est mon dernier espoir.

ISMÈNE.
De quel affreux dessein votre ame est agitée?

AZÉMIRE.
C'est la mort qu'il me faut. Je l'ai bien méritée,
Lorsque j'ai lu mon sort dans les yeux d'un Chrétien,
Quand mon cœur imprudent osa chercher le sien,

TRAGÉDIE.

Quand sur le trône, hélas! j'ai cessé d'être Reine.
Périssent les Chrétiens, & moi-même, & Turenne,
Et ce jour, où poussé par un zèle odieux,
Fondit sur l'Orient l'Occident furieux!

SCÈNE V.

Les mêmes, SOLIMAN, NARSÈS, *Soldats*.

SOLIMAN.

Aux champs d'honneur, Madame, il est temps de me rendre;
D'autres sont maintenant chargés de vous défendre.
Vous ne me verrez plus. Tandis que sur mes pas
Narsès & mes Guerriers vont chercher les combats,
Turene......

AZÉMIRE.

Il est parti.

SOLIMAN.

Quoi! Madame.... ô faiblesse!
Mais je me suis promis de vaincre ma tendresse;
Il suffit. Soliman, détrompé de ses feux,
Ne s'abaissera point à des retours honteux.
Un Chrétien a séduit votre ame infortunée;
Le cruel! je vous vois plaintive, abandonnée :
Je le hais encor plus. Il a pu vous trahir!
Vous n'avez plus d'appui : je veux vous en servir;
Et si votre dépit demande une vengeance,
Plus d'amour, plus d'hymen, & plus de récompense;
Mais enfin de mes coups rien ne le peut sauver,
Et, sa tête à la main, je viens vous retrouver.

AZÉMIRE.

Qu'il vive. Ah! contre lui ne portez point vos armes.
Et vous.... vous le témoin de mes dernières larmes,
Gouvernez mes Etats ; régnez sur mes Sujets ;
Je demande pour eux vos exploits, vos bienfaits ;
Régnez, & puissiez-vous reconquérir l'Asie!
J'ai trahi ses destins, j'aimais, je suis punie.

(*Elle se frappe.*)

SOLIMAN.

Qu'ai-je vu ?

AZÉMIRE.
Dieu puissant, Dieu de l'Asie, ou toi,
S'il est vrai qu'aujoud'hui ta main pèse sur moi,
Dieu des Chrétiens, punis l'ingrat qui m'abandonne :
Qu'il entende par-tout.... Mais non, je lui pardonne.
Pour prix de mon trépas je ne veux obtenir
Qu'un peu de son amour & de son souvenir.
Qui, moi ! le détester ! ne le crois pas, Turenne ;
En prononçant ton nom je ne sens plus ma haine ;
Je meurs, & c'est pour toi. Viens, reviens en ces lieux.
Entends mes derniers cris ; je fus chère à tes yeux ;
Que ta main presse encor la main de ton amante ;
Si tu ne me hais pas, adieu, je meurs contente.

(*Elle expire.*)

F I N.

www.ingramcontent.com/pod-product-compliance
Lightning Source LLC
Chambersburg PA
CBHW070657050426
42451CB00008B/392